Guía práctica para votar

Osiris Sandoval

Contenido

Agradecimientos

En primer lugar quiero agradecer a mi esposa, que me acompaña en todas las aventuras que hemos emprendido, así como a mis hijas, a sus esposos y novio por su paciencia en el tiempo necesario que he necesitado para escribir y ser fuente constante de orgullo para mi.

A muchos buenos amigos que temo dejar de mencionar a algunos que me han dado pistas, ideas pero sobre todo, motivo de debate del cual han surgido una gran cantidad de ideas, en particular en estos últimos días a Mauricio, Alex, Jaime, Diego, Armando y Adolfo cuyos constantes debates me han llevado a profundas reflexiones sobre nuestro voto.

Introducción

El voto es libre y secreto, al menos eso reza una leyenda en nuestro país y parece ser una acción sencilla, acudir a las urnas y cruzar el nombre de un partido político o candidato.

Por supuesto que existen una variedad de razones que hay en nuestra mente para brindar nuestro voto por uno u otro candidato, sin embargo, ¿son estas razones válidas?, ¿estamos conscientes del impacto que tiene esta simple acción en nuestras vidas futuras?.

En realidad no soy especialista político, ni se trata este libro de hacer "sugerencias de votar por un determinado candidato o partido político", soy un ciudadano al igual que tu, interesado en tener una mejor comprensión para ejercer mejor mi derecho al sufragio.

Debo de reconocer mi preferencia personal por la política de cuadrante uno, veremos los cuadrantes posteriormente, pero podríamos describirlo como "derecha republicana", sin embargo, el libro no pretende influir en tu preferencia política, así que haré todo lo posible para evitar que mi preferencia personal no influya en el mismo.

Democracia

Para comprender la democracia en primer lugar es conveniente comprender la diferencia entre ciudadano y habitante, aunque parecen sinónimos en realidad no lo son, ya que se asume que todas las personas que viven en una demarcación geopolítica, son ciudadanos.

El ciudadano tiene además de los derechos que se confieren por pertenecer a una determinada demarcación geopolítica, también tiene una serie de obligaciones entre las cuales está el tomar decisiones.

Mientras que un habitante es aquel individuo que habita en cierta demarcación, quién así mismo tiene los derechos y está obligado a cumplir las leyes, pero que sin embargo, ya sea que tenga alguna limitación de exclusión, ya sea por alguna limitación legal, o en muchos casos por su propia decisión de excluirse de su derecho y obligación de participar en los procesos de toma de decisión o al menos participar con la suficiente información y preparación para hacerlo.

En teoría, un ciudadano, se informa sobre los temas

relevantes de su país, estado y población, lo suficiente para que en el momento que tenga que ejercer su sufragio lo realice con información y criterio suficiente, al ser un conjunto de ciudadanos informados, que realizan la elección de las administraciones en todos los niveles, es entonces cuando la democracia existe.

Sin embargo, hay un riesgo en este mecanismo, que se da cuando en lugar de ciudadanos, son los habitantes quienes se encargan de tomar dichas decisiones, es decir, personas sin la suficiente información o criterio para tomar la decisión, son quienes deciden, entonces no se da una democracia, sino que degenera en una oclocracia, en dónde no es un conjunto de ciudadanos quienes toman la decisión, sino una muchedumbre y parafraseando a Jorge Wagensberg "Somos individualmente inteligentes y colectivamente estúpidos", de tal forma que las decisiones tomadas por las oclocracias, por lo general suelen no ser las mejores decisiones.

Así pues la democracia es el poder emanado de los ciudadanos preparados y con suficiente información para ejercerlo de forma adecuada.

Reconociendo mis preferencias

Crecí con la creencia en una política monodimensional y prácticamente binaria y la mayoría de las personas que conozco, me han expresado esta misma creencia, si acaso en cuatro niveles, si se toma en cuenta cuando se habla de una extrema tanto izquierda como derecha (o también llamada ultraderecha), sin embargo, la política no es binaria, es decir, no existe solo "derecha e izquierda", en realidad hay un número infinito de posibilidades entre una "izquierda perfecta",

por llamarle de alguna manera a un 100% de izquierda y una "derecha perfecta" por llamarle de alguna manera a un 100% de derecha, por lo que las propuestas políticas son puntos intermedios entre estos puntos.

Adicional a esto existe otro eje perpendicular, por lo que en realidad las preferencias políticas son bidimensionales, mientras que un eje representa nuestra preferencia izquierda - derecha, el otro nuestra preferencia entre lo que la politóloga Gloria Álvarez ha dado en llamar populismo - república, lo que genera 4 cuadrantes de preferencia política.

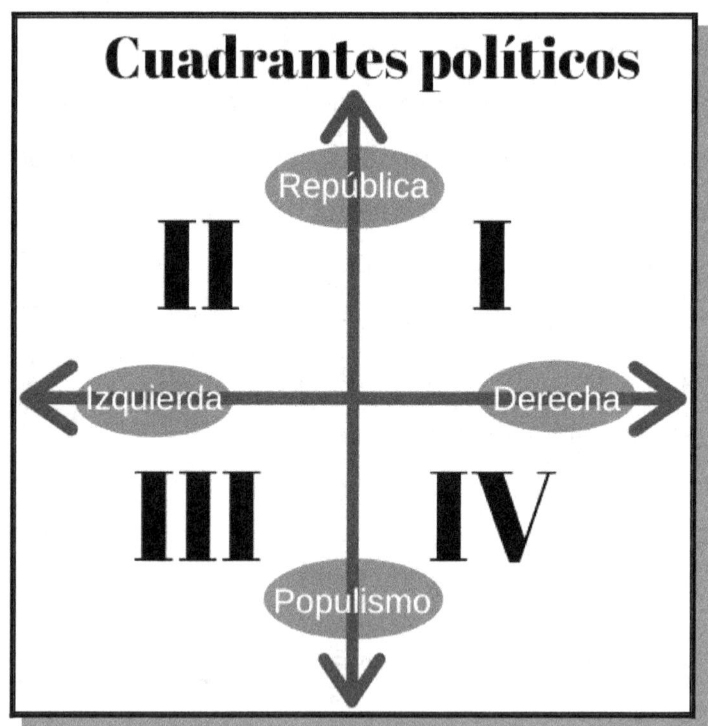

En el cuadrante I se encuentran las tendencias de derecha república, en el cuadrante II las tendencias de izquierda república (que sería parecido a los conceptos originales marxistas), en el tercer cuadrante son las tendencias de izquierda populista, mientras que en cuarto cuadrante las tendencias de derecha populista.

A cada una de estas características se les suele dar atributos de connotación tanto positiva como negativa, dependiendo de las preferencias políticas quién genera dichas calificaciones, de tal forma que habrá quién diga que la derecha o capitalismo es "malo" y habrá quién opine lo contrario, así como de la izquierda y en el eje perpendicular, así mismo hay quién opina que las prácticas republicanas son malas o buenas, tal como las prácticas populistas.

Sin embargo, reitero que estas connotaciones de bondad o maldad, no son necesariamente relevantes, mientras que sean moderadas, las condiciones adversas se producen cuando cualquiera de las posturas se radicalizan y se llevan fuera de ciertos límites razonables.

De tal forma que ninguno de los cuadrantes es malo o bueno necesariamente, y nuestras preferencias personales son perfectamente válidas de forma independiente de cual sea nuestra elección de cuadrante, así como también cualquiera de los cuadrantes fuera de ciertos límites razonables, será una elección que tendrá efectos indeseables al asumir el poder.

Mi preferencia actual se centra en el primer cuadrante, por llamarlo así capitalismo republicano, sin embargo, no siempre ha sido así, fuí educado por padres con una firme convicción en el tercer cuadrante (Socialista - Populista), de tal forma que durante muchos años esa fue mi preferencia y la defendí con alma y corazón, con el paso del tiempo y de forma paradójica buscando información para defender con números y hechos mi postura juvenil, fue que de forma paulatina, ha ido cambiando mi preferencia personal.

Sin embargo, reitero que estoy haciendo todo lo posible, por no impregnar en las páginas de este libro dicha preferencia, más bien mostrar de la forma más neutra posible (ya que todos tenemos preferencias) y recordando todo lo que defendía, la información para que tu, mi querido lector, tomes tus mejores decisiones.

En los siguientes capítulos revisaremos cada una de estas características y cuadrantes con los beneficios y posibles efectos adversos.

Conociendo a la derecha

En primer lugar el término de "derecha" ha ido cambiando su definición política con el paso del tiempo, mientras que en sus inicios que vienen de la Asamblea Nacional Constituyente en Francia, a finales de 1700, derivada de la revolución francesa, en donde se discutía si el monarca continuaba con un poder absoluto, mientras que otra facción pretendía quitarle el derecho al veto, para facilitar el conteo de los votos (que eran a mano alzada), se ubicaron las diferentes ideologías unas a la derecha, quienes opinaban lo contrario a la izquierda y finalmente los indecisos al centro.

A partir de ahí la derecha toma su connotación de conservadora ya que la facción que se ubicó a la derecha fue la que defendió los derechos de veto de la monarquía, al pasar de los años, se ha identificado como aquella corriente ideológica que antepone la propiedad privada al estado, así mismo se le asocia con una fuerte filiación religiosa, prejuicios morales y la familia tradicional como centro de la sociedad.

Capitalismo

Precisamente en la actualidad se asocia el término "derecha" con la corriente ideológica económica que también se le llama capitalismo, el cual encuentra su base en una menor injerencia del estado y resalta la importancia del capital y propiedad privada como generadores de riqueza.

Entre los principales beneficios del capitalismo están el respeto a la propiedad privada, lo cual significa que como ciudadano tienes garantizado el poder conservar las pertenencias y capitales que logres ya sea por tu trabajo o ya sea por tu ingenio.

Así mismo si crees en los llamados "valores tradicionales", en cuanto a familia, religión y desarrollo empresarial, esta corriente puede estar alineada con estas creencias.

Un capitalismo moderado puede tener serios beneficios, sobre todo en desarrollo económico, bienestar general de la población y una tendencia hacia una clase media, sin embargo, una derecha extrema, encierra riesgos tangibles, como la posible destrucción de ecosistemas (al no existir un estado rector que limite el actuar de ciertos particulares), erradicación de minorías, surgimiento de grandes monopolios, recesiones periódicas, grandes desigualdades económicas, así como puede llegar a estallamiento de violencia doméstica.

Conociendo a la izquierda

Así como en la asamblea de constituyentes se ubicaron en la parte opuesta del salón y las ideas que en ese momento expresaban eran radicales, la izquierda se ha considerado como progresista. abierta a nuevas ideas y en muchas ocasiones una voz popular.

Al igual que la derecha ha cambiado con el paso del tiempo, sin embargo, una postura es permanente, se opone a la derecha, por lo que en muchos casos se puede considerar la izquierda como una anti-derecha.

Socialismo

Durante la revolución industrial en la Inglaterra Victoriana, Carlos Marx escribió sus teorías de una estructura social diferente, culminando con el libro "El Capital" en el que describe una sociedad utópica ideal en la cual desaparecen completamente los intereses capitalistas en algo que dio en llamar Comunismo.

Sin embargo, el comunismo no se puede alcanzar de forma inmediata, para lo cual describe un camino mediante el cual se llega a dicha meta, llamada "Socialismo", ya que esta estructura social tanto socialista como comunista era tanto novedosa, como en teoría logra el beneficio de la mayoría de la población, fue abrazada como uno de los pilares ideológicos de la izquierda y hasta la fecha muchas personas identifican a la izquierda como movimientos socialista - comunista.

Mientras que ya la mitad de nuestro planeta aproximadamente ha probado lo que es el socialismo, sin que hasta el momento ningún país haya llegado a la meta comunista con la erradicación total de la propiedad privada.

Como es lógico el paquete ideológico de izquierda toma los valores de derecha como anti-valores, por lo que promueven esquemas familiares alternos a la familia "tradicional", apoyan el aborto legal, la eutanasia, los movimientos de trans-sexualidad, el ateísmo y en el terreno económico, buscan la extinción de la propiedad privada y empresa particular, con una mayor intervención del estado en la economía.

Una izquierda moderada, así mismo puede tener serios beneficios, entre otras cosas por ser una conveniente válvula de escape para los prejuicios que una constante derecha llegan a producir, así como también en apoyo a ciertas minorías que de otra forma serían seriamente suprimidas, sin embargo, uno de los problemas principales de la izquierda marxista es que no toma en cuenta el factor humano y al ser el estado "operado por humanos", se forman cotos de poder exagerados que conducen a condiciones de vida lamentables para una mayoría, mientras que quienes tienen en sus manos el estado amasan grandes fortunas.

Hasta el día de hoy las salidas que han tenido los países que han probado la izquierda radical, han sido luchas civiles o en el mejor de los casos que han sido a través de las urnas, han dejado serias secuelas de inequidad y trastornos económicos muy difíciles de sobrellevar.

Conociendo el populismo

Como el mismo nombre lo indica, se refiere a una política cuyo principal objetivo es el llevar a cabo acciones que resulten "populares" es decir que una gran mayoría de la población concuerde con ellas.

Esto en principio suena bastante bien, e incluso puede parecer que es precisamente de lo que se trata la democracia, interpretándose como la "voluntad" popular.

En la aplicación práctica adolece de graves problemas como son:

- **Interpretación de la voluntad popular:** Es claro que si en un grupo de más de 5 personas no todas coinciden completamente en todos los temas que los aquejan, cuando son millones de opiniones, serán diversas y difíciles de recolectar, motivo por el cual, suele ser un muy pequeño grupo de personas quienes desde su perspectiva, con sus prejuicios personales y sus propios intereses interpretan dicha "voluntad popular", de hecho llega a ser una sola persona quien se encarga de "descifrar" esa voluntad popular (el líder, presidente, etc.) quién por ejemplo, si en alguna etapa de su vida tuvo problemas para pagar sus estudios, entonces él puede interpretar como un deseo "del pueblo" apoyos para útiles escolares, aún que eso no refleje necesariamente una necesidad nacional o regional, prioritaria para el momento en el que sea electo.

- **Consultas populares:** Un mecanismo común para colectar la "voluntad popular" sobre ciertos temas son las consultas populares, lo cual puede sonar bastante coherente, excepto cuando nos enfrentamos a la realidad de que por lo general toman una muy pequeña muestra de la población, son costosas y por lo general son simples de manipular para que arrojen el resultado que de antemano ha sido determinado.

- **Problemas presupuestales:** Es claro que muchas de las soluciones más populares, no son necesariamente las mejores desde el punto de vista presupuestal y de crecimiento económico y mientras que la decisión popular nos gusta por su "benevolencia" en contraparte los efectos secundarios de dicha decisión, serán inaceptables para los mismos integrantes de la comunidad; Un claro ejemplo de esto es que muchos gobiernos con perfil populista ofrecen reducir el costo de los combustibles fósiles (Gasolina, Diesel, Gas, etc.), lo cual no es posible debido al fenómeno de "pico del petróleo", sin embargo, al resultar electos para cumplir lo ofrecido, incrementan los subsidios al combustible, con lo que baja el precio, pero a costa de infraestructura, obras, seguridad, presupuesto de salud o educación, también puede llevar a un incremento de impuestos.

Ante estos graves problemas, uno en ocasiones se pregunta ¿cómo es que sigue funcionando? y en algunos países incluso décadas.

Para sostener su funcionamiento y de hecho durante el proceso de campaña las corrientes populistas utilizan algunos de los siguientes elementos.

- **Pueblo:** Más que un grupo de personas (que es lo que parece a primera impresión) es un concepto, en el que se intenta agrupar a los que se pretende sean los seguidores de la ideología en cuestión, se les dan atribuciones positivas, de bondad, ser merecedores y por lo general de humildad o pobreza; Por lo tanto es a quién se dirigen los "beneficios" ya sea a través de dádivas o de mayor empleo, etc. Es diferente en un país y en otro, por ejemplo en México, el concepto de pueblo es el de una persona de los círculos de pobreza metropolitanos, mientras que en los Estados Unidos de Norteamérica, se le atribuye a los supremacistas blancos a quienes los latinos han ido a "robarles las fuentes de empleo". En general "el pueblo" es quién aplaude las acciones del gobierno o las propuestas del candidato populista.

- **Antipueblo:** Es el concepto de todas aquellas personas que básicamente, no son "pueblo" y que por lo tanto se oponen al candidato o gobierno populista o a cualquiera de sus ideas o programas, tienden a ser ridiculizados y se les ponen apodos, así como se les dan atribuciones negativas o de maldad, por ejemplo, "fifís", "mafia del poder", "inmigrantes ilegales", entre otros también es conocido como **"enemigo interno"** y cualquier opinión o acción, son un intento de "desestabilizar al gobierno". Como es lógico cuando las cosas van mal, una parte de la responsabilidad se le atribuye al anti-pueblo, así como también sirve para justificar errores, por ejemplo, la lucha contra los corruptos de la "mafia del poder" es la razón por la que ha incrementado la violencia en el país.

- **Enemigo externo:** El enemigo externo es otro país, postura ideológica, grupo secreto o secta a quién se responsabiliza de cualquier problema o revés económico, la gran mayoría de los gobiernos y candidatos de la corriente populista han tomado como enemigo externo a los Estados Unidos de Norteamérica, al "capitalismo" o al imperio Yanki (como se le quiera llamar), un caso que me llamó la atención es cuando un candidato con perfil populista inicia su campaña en los EEUU, toma como enemigo externo a los "migrantes latinos", ya que era el único caso que no se podía tomar como enemigo al mismo país que se propuso presidir.

- **Adoctrinamiento:** Es necesario instruir a las personas

sobre quiénes son los enemigos, tanto internos como externos, así como crear la necesaria división entre pueblo y antipueblo, así como también los principios de la filosofía populista (tanto si es de izquierda como de derecha), por lo general con frases cortas y bien dirigidas que se repiten por todos los medios posibles; Así mismo es relativamente fácil de reconocer cuando utilizan estas técnicas, debido a que son insistentes en tener una amplia exposición mediática, (conferencias frecuentes y de difusión nacional, una gran cantidad de publicidad gubernamental etc.).

Un elemento interesante a evaluar del candidato de nuestra preferencia es el "ruido" que ha hecho en cargos anteriores, de forma contraria a lo que se podría pensar, un buen gobierno, es "silencioso", lo que quiere decir que no pensamos mucho tiempo en él, lo cual nos permite realizar nuestras actividades diarias de una forma más eficiente.

Entonces ¿Es malo el populismo?, no necesariamente, un populismo moderado exalta el nacionalismo, necesario para crecer el mercado interno y la preferencia por los productos del mismo país, así mismo es conveniente que el gobierno tome en cuenta algunos temas populares.

Sin embargo, el exceso de populismo, puede traer situaciones devastadoras para cualquier país.

Conociendo la república

Se puede decir que la república es la antítesis del populismo, de tal forma que mientras que este tiende a concentrar el poder y las decisiones en un pequeño grupo de personas (incluso hasta en una única persona), la república tiende a que se disperse, tanto vertical, como lateralmente.

De hecho es como están estructurados muchos de los países que conocemos, por ejemplo, precisamente el nombre de Estados Unidos (que es una apología a su estructura más que el nombre del país), se refiere a que es una colección de "Estados" unidos en una República lo cual divide el poder (y decisiones), con un presupuesto y directrices generales lo cual es es llamado nivel federal, sin embargo, cada uno de los estados cuenta con su propio presupuesto y directrices las cuales puedes diferir de las directrices federales (siempre y cuando no exista una contraposición con las federales), así mismo los estados son un conjunto de condados (en algunos estados ya que en otros fueron abolidos), y estos se dividen en municipios, los cuales también tienen tienen su propio presupuesto y directrices (siempre y cuando no se contrapongan a las disposiciones estatales), de tal forma que el poder se divide de forma vertical con esta estructura, por lo que a nivel local es posible tomar muchas decisiones que impacten a esa localidad específicamente.

Así mismo, el poder en cada uno de estos niveles se divide en tres poderes que son el legislativo, ejecutivo y judicial, los cuales en teoría deben de ser completamente independientes uno del otro y sin un orden de jerarquía.

De tal forma que cuenta con algunos elementos que es necesario comprender.

- **Diputados:** Son parte del poder legislativo y su función es la de representar a una porción de la población, ya sea por algún interés específico o por una región geográfica, revisando o modificando las leyes y los reglamentos acorde con dichos intereses. En realidad los diputados no requieren de estudios especializados, ya que basta con que exista una mezcla lo suficientemente representativa de los distintos grupos sociales, profesionales y geográficos de tal forma que en teoría en esta cámara legislativa lleva los intereses de la sociedad a la discusión de las leyes y reglamentos que los demás poderes deben de seguir.

- **Senadores:** Igualmente son parte del poder legislativo y su función es el analizar a detalle las leyes y reglamentos desde un punto de vista experto de tal forma que la cámara del senado es la parte pensante del gobierno, por lo que debe de estar conformado por personas con criterio y experiencia para ser dicha parte pensante.

Al elegir senadores si debemos de verificar que cuenten con dicha experiencia y que tengan un grado de estudios y/o experiencia que les permita ser esa parte pensante.

De tal forma que para elegir por cual candidato a senador votar, será menester el revisar cuidadosamente su curriculum de vida y profesional, como si lo fuéramos a contratar para realizar algo importante en nuestra vida y negocios o trabajo a diferencia del voto a un diputado del cual solamente nos interesa que tenga intereses similares a los nuestros.

- **Presidente:** El presidente es el representante del poder ejecutivo y contra lo que muchas personas piensan, no es "el que manda" en un país, sino el que "ejecuta" las disposiciones de las cámaras de diputados y senadores que se emanan a través de las enmiendas constitucionales, leyes y reglamentos. Como es lógico su nivel de poder e influencia depende en mucho de la afinidad ideológica que tenga con los diputados y senadores, por lo que una sana estrategia es el votar por un presidente de un partido político y a los senadores de un partido diferente que realicen un debido "contrapeso" a posibles decisiones arbitrarias. Aún la mejor opción presidencial con un congreso totalmente a favor, en la mayoría de las ocasiones deriva en corrupción y cotos de poder que generan dinámicas indeseables para la mayoría de los ciudadanos.

- **Poder Judicial:** Aunque en la mayoría de los países no se vota directamente por los integrantes de este poder, si se hace de forma indirecta a través de los diputados y senadores quienes designan los reglamentos para que la selección de los mismos.

Sin embargo quizá en este momento estén pensando que en los países populistas también existen estas figuras, lo cual es cierto, la diferencia es que mientras más se acerque el modelo a una república perfecta, más independientes serán estos poderes, mientras que cuando pasamos al terreno del populismo, estos poderes se van subordinado a la figura presidencial.

La dispersión del poder que proporciona una república permite un desarrollo económico y comercial equilibrado y evita decisiones de gobierno caprichosas.

Sin embargo, el exceso de república, hace que las decisiones sean lentas y burocráticas, obstaculiza beneficios sociales y genera enfrentamiento de conflictos, lo cual es contraproducente para el país.

Primer Cuadrante

En este cuadrante encontramos las fuerzas políticas con características de derecha republicana, que cree en el libre mercado así como también en la dispersión del poder en las múltiples instituciones.

Por muchos es considerada la corriente conservadora y de hecho es común encontrar dentro de esta corriente la intervención de la iglesia en asuntos de estado.

Así que muchas de las propuestas de este cuadrante tienen que ver con la libertad de mercado por una parte, mientras que por la otra tiene una serie de limitaciones morales concordantes con las impuestas por la religión.

Primer cuadrante moderado

Las corrientes de primer cuadrante moderado, garantizan de alguna forma la propiedad privada, el desarrollo económico, las libertades económicas necesarias para la creación y desarrollo de la iniciativa privada, reduciendo la injerencia estatal a funciones mínimas como el de garantizar la seguridad, salud y educación básica de la totalidad de la población.

Al reducir la protección del estado en el desarrollo de la economía las empresas se desarrollan en una "competencia natural", teniendo que superarse continuamente en la lucha por recursos (materias primas, mano de obra, ubicaciones, etc.) y mercados, lo cual hace que de forma natural se mejoren las condiciones laborales, sueldos y prestaciones (por la competencia de captar mano de obra), así como un abaratamiento de los productos al ser reguladas las utilidades, por la competencia de ofrecer el mejor producto al menor precio posible.

Un fenómeno social observado en este primer cuadrante es lo que se puede denominar como crecimiento de la "clase media", es decir, personas con sueldos decorosos que sin embargo no llegarán a ser millonarios, pero tampoco a padecer de una economía precaria, claro está que produce también millonarios y existen sombras de pobreza, sin embargo, la mayoría de la población termina por ubicarse en la clase media.

Primer cuadrante extremo

Sin embargo, no es sano una corriente de primer cuadrante llevada al extremo, lo cual supondría la supresión total de las minorías.

Así como también un nulo impulso a ciertos sectores económicos prioritarios o el ser permisivos con empresas voraces que logren un dominio total ya sea de mercado o ya sea de obtención de recursos tiene consecuencias que llegan a ser devastadoras, sobre todo para el medio ambiente.

Segundo Cuadrante

En este cuadrante encontramos las fuerzas políticas con características de izquierda republicana, que es una aproximación del socialismo y comunismo científico propuesto por Carlos Marx, en su obra "El Capital".

De forma desafortunada la "naturaleza humana" incluida también en nuestros dirigentes políticos, impiden que en los países que se ha intentado el socialismo, han derivado hacia el tercer cuadrante que trataremos a continuación.

Hasta el momento de escribir este libro, no fui capaz de detectar ninguna corriente política congruente con este cuadrante.

Motivo por el cual no se cuentan con los datos estadísticos para conocer sus repercusiones reales en la sociedad.

Tercer Cuadrante

En este cuadrante encontramos las fuerzas políticas con características de izquierda populista las que se presume son generadas desde el Foro de São Paulo Brasil.

Que de hecho es lo que hemos conocido como "socialismo", "comunismo" (aunque en realidad ningún país o sociedad al momento de escribir el presente ha logrado el comunismo como tal.

Sus efectos los podemos apreciar en la economía de Cuba castrista, Venezuela de Chavez y Maduro, como grandes exponentes de esta corriente, sin embargo, en mayor o menor medida en algún momento de su historia los siguientes países han "probado" el tercer cuadrante y sus efectos.

Afganistán	Albania	Alemania Oriental
Angola	Argelia	Argentina
Armenia	Azerbayán	Baviera
Benin	Bielorusia	Birmania
Bulgaria	Camboya	Checoslovaquia

Chile	China	Congo
Corea del Norte	Cuba	Eslovaquia
España	Estonia	Etiopía
Finlandia	Francia	Georgia
Ghana	Granada	Hungría
Irak	Kazajstán	Kirguistán
Laos	Letonia	Libia
Lituania	Madagascar	Moldavia
Mongolia	Mozambique	México
Nicaragua	Polonia	Rumania
Seychelles	Siria	Somalia
Tannu Tuvá	Turkmenistán	Rusia
Ucrania	Uzbekistán	Venezuela
Vietnam	Yemen del Sur	Yugoslavia

Lo que nos arroja suficientes datos estadísticos e históricos para tener un claro análisis de cómo han evolucionado los distintos aspectos, sociales, económicos y políticos en estos países para tener una idea clara de los impactos que tiene el elegir a representantes, senadores o ejecutivos de esta corriente ideológica.

Tercer cuadrante moderado

Un tercer cuadrante moderado por lo general nos conduce a un desarrollo económico moderado e inclusivo de distintas corrientes de pensamiento, con un balance entre empresas privadas y paraestatales, sin embargo, el poder generado por la característica sumisión de las cámaras de diputados y senadores al ejecutivo, así como también se tiende a que los gobernadores estatales se consideren dependientes de la federación.

Esto lleva a que se genere centralización, tanto de recursos, como de dependencias, con un poder enfocado en el presidente.

Una de las ventajas que tiene es el nacionalismo proveído por la parte populista de la ecuación, lo cual alienta el mercado interno, lo que lleva en muchas ocasiones (la mayoría) a esquemas de proteccionismo, es decir "se protege a la industria interna, contra los enemigos internacionales".

Así mismo genera grandes obras de infraestructura, toda vez que el gobierno centralizado, tiene que presentar un símbolo tangible de su trabajo.

Tercer cuadrante extremo

Por alguna razón los ciclos de poder tienden a crecer rápidamente en este cuadrante, lo que lleva a que se extienda por muchos años, ya sea mediante la re-elección directa de un líder - símbolo, o a través de consecutivas elecciones en dónde se cambia de representante, pero no de línea política, por ejemplo, de un mismo partido, o incluso de otros partidos, pero que tienen a muchos integrantes relacionados por alguna asociación ideológica.

En los casos más extremos hay procesos de "nacionalización" de negocios en principio que se consideran prioritarios para el país (energía, comunicaciones, etc.) y que se llega a extender a la banca e incluso a todo tipo de negocios.

La nacionalización aunque nos puede parecer una acción que beneficia al país, por lo general tiene efectos adversos.

Es importante tener en cuenta que un negocio nacionalizado (o expropiado) será operado por funcionarios públicos (burócratas) y a nivel mundial está comprobado que los funcionarios públicos no logran hacer productivo ningún negocio.

Finalmente estas acciones tienden a incrementar de forma alarmante la cantidad de personas en extrema pobreza, así como de forma paradójica, incrementa el grado de desigualdad, produciendo unas pocas personas de grandes recursos (generalmente funcionarios de gobierno) y una mayoría poblacional en condiciones de miseria, incluso en emergencia alimentaria, por lo general la clase media va a la pobreza y los pobres se quedan básicamente sin que comer, debido a un racionamiento de las provisiones, ropa y demás artículos.

Cuarto Cuadrante

En este cuadrante encontramos las fuerzas políticas con características de derecha populista, el cual incluso hay personas que consideran que es imposible, sin embargo, no lo es, para muestra tenemos la presidencia de Trump en los Estados Unidos de Norteamérica, en la cual el presidente, es claramente de derecha, sin embargo, encontramos los elementos del populismo como son los enemigos, tanto internos como externos, así como una sobre-exposición a los medios y acciones consideradas por su población como "populares".

Como es lógico el efecto populista desde este cuadrante es diferente al efecto que tiene en el tercer cuadrante, toda vez que la expropiación, no es "popular" desde este cuadrante, sin embargo, se observa un crecimiento en el odio racial, derivado de la generalización de que los problemas vienen del exterior.

Sin embargo, aún no hay suficiente información para conocer con hechos los resultados de un gobierno dentro de este cuadrante, sin embargo, al igual que en los demás cuadrantes, el exceso, tendría resultados catastróficos.

Hasta el momento el desempeño económico ha sido bueno, sin embargo, la distribución económica ha sido desigual, así como una fuerte reducción de las libertades de los grupos minoritarios y ataques focalizados a los inmigrantes (a los cuales se les considera el "enemigo externo").

Será necesario que concluya su administración, para realizar un estudio a profundidad de su periodo y tener claro los efectos de una posición moderada y extrema en este cuadrante.

Corriente Libertaria

La corriente libertaria combina principios tanto de izquierda, como de derecha integrando los elementos de libertad mercado y lo que han dado en llamar libertades individuales que se corresponden con elementos hedonistas habitualmente impulsados por la izquierda.

Aunque ya existen varios partidos libertarios en muchos países, hasta el momento que escribo estas líneas aún ninguno ha logrado la mayoría en las cámaras, ni un ejecutivo emergido de esta corriente.

Será interesante ver la evolución de esta corriente ideológica, al paso del tiempo.

Sin embargo, sus posturas en la economía defienden el libre mercado, reduciendo lo más posible la intervención del estado a las funciones básicas, como seguridad e infraestructura pública, dejando incluso la educación al libre mercado.

Así mismo las políticas en relación al aborto y otros temas que se han considerado controversiales, tiene una postura que le deja la responsabilidad de estos temas a el individuo, retirando la supervisión estatal en la mayoría de los temas.

Sostiene que la educación privada es de mejor calidad y deja la protección del medio ambiente a la conciencia individual, bajo el argumento de que la mayoría de los problemas ambientales han sido generados por los gobiernos, mientras que la libre competencia propicia al final un mayor cuidado del medio ambiente.

Cargos de elección popular

El objetivo de ejercer nuestro sufragio, es precisamente la elección de las personas que estarán al frente de estos cargos, por lo que debemos de conocer a la perfección de que se trata cada uno de ellos y que tener en cuenta para tomar la mejor decisión posible.

Ejecutivo federal

Mejor conocido como presidente de la república, quien será el encargado de administrar los recursos e instituciones de la federación.

Contrario a la creencia popular, no es "El que manda", su función más específica es el administrar los recursos con apego a las distintas leyes y reglamentos, es solo un funcionario público y sus funciones están sujetas a lo que dictan las cámaras legislativas.

Es muy común que durante los periodos electorales sean ofrecidas algunas acciones de infraestructura específica (como por ejemplo el arreglo de calles, canchas nuevas, un parque etc.), lo cual de forma paradójica no puede ser ofrecido por el ejecutivo federal, ya que no es parte de sus funciones el realizar (ni autorizar) dichas obras.

Por lo que dichos ofrecimientos por lo general no son cumplidos y en los casos que si se "cumplen" es debido a una gestoría con las autoridades municipales como se llevan a cabo.

De hecho en un país correctamente administrado el presidente solo puede disponer de ciertas partidas presupuestarias específicas, por ejemplo en México, se le denomina ramo 23, el cual ha sido ampliamente criticado al ser considerado una partida discrecional, que por lo general se utiliza para "cumplir" dichos ofrecimientos, por ejemplo, si quedó de "hacer nuevas canchas en un municipio", lo que hace es enviar al ayuntamiento el dinero para que este las realice a través de ramo 23.

De tal forma que a "mayores ofrecimientos" o está mintiendo, o planea un mayor control sobre las partidas presupuestales que no debe de controlar.

De forma ideal el ramo 23 debería de ser muy pequeño de

hecho inexistente, lo cual permitiría que los presupuestos fueran asignados con la debida supervisión de las cámaras a través del análisis presupuestal.

Entonces, si no son esos ofrecimientos superfluos los que debemos de evaluar al momento de elegir a nuestro próximo ejecutivo federal, ¿que es lo que se debe de evaluar?, ¿en qué fijarnos? para elegir el mejor posible, de acuerdo a nuestras preferencias.

Se podría decir que el presidente es una especie de "gerente" cuya función es el elegir a los mejores elementos para que a su vez conduzcan las distintas dependencias de gobierno e instituciones, otra de sus funciones es el representar a nuestro país ante los organismos internacionales así como el tomar decisiones que afectan los distintos aspectos macroeconómicos del país y coordinar las acciones necesarias en la atención de emergencias.

De tal forma que es conveniente el revisar el cómo ha manejado estos aspectos en el pasado, en otros cargos que hubiera ostentado en el pasado, ya sea en la iniciativa privada, por ejemplo, al frente de una empresa grande, ¿creció bajo su liderazgo?, ¿contrató a los mejores para los distintos cargos de la misma?, etc. o en su caso en cargos de elección popular, por ejemplo, como presidente municipal, jefe de gobierno en la CDMX o en su caso gobernador de algún estado, ¿Niveles de deuda?, ¿Indicadores de seguridad?, ¿Crecimiento o deterioro de la infraestructura a su cargo?, ¿cómo manejó las crisis que surgieron en la región que tuvo a su cargo?.

Así mismo tomar en cuenta que las promesas de campaña que realiza sean realistas y además que muestre con cierta claridad el cómo las piensa llevar a cabo, ya que por ejemplo, puede ofrecer un crecimiento económico espectacular, sin embargo, es relativamente fácil realizar este ofrecimiento, sin ningún sustento, así que es bueno el revisar si el ofrecimiento es acompañado con un programa de acciones que parezca lógico que pueden lograr ese objetivo y sobre todo si estas acciones son parte de sus funciones, me ha tocado ver ofrecimientos de "voy a modificar tal artículo constitucional" lo cual obviamente no es parte de sus funciones y depende de que la cámara de diputados y senadores "lo obedezca" lo cual bajo ninguna circunstancia es una buena señal..

Senador

Es la persona encargada de analizar las propuestas y los efectos que tendrán las modificaciones planteadas en las leyes, así como también pueden plantear modificaciones a la constitución, leyes y reglamentos, de tal forma que es un cargo de gran importancia para nuestro país.

De manera desafortunada en ocasiones no es medido con toda la seriedad que debería de ser medido y en ocasiones es incluso visto solo como un "escalón político" y muchos diputados, contienden posteriormente a un escaño en el senado, simplemente porque es un puesto de mayor relevancia, sin considerar si en realidad tienen las suficientes credenciales como para ocupar este puesto.

En este caso es más importante su capacidad de análisis que la concordancia que tuvieran con nuestras preferencias, ya que serán los diputados quienes lleven nuestras preferencias a la discusión y los senadores quienes analicen los impactos de dichas propuestas en los distintos ámbitos, tanto legales, como sociales, ecológicos y económicos.

Aún que legalmente no se requiere ningún nivel de estudios

para ser candidato a senador, nosotros como electores (y que somos quienes decidimos a final de cuentas), si deberíamos de solicitarle a los candidatos estudios y trayectoria que nos garanticen que en realidad serán considerados los temas con un análisis suficiente y no solo serán aprobados por quedar bien con alguien o por coincidencia ideológica.

Es común que los mismos diputados, consideren que es un escalón la diputación para aspirar a una senaduría y posiblemente tenga algo de sentido ya que en teoría han adquirido una experiencia en la labor legislativa, sin embargo, no todos los diputados, tienen la capacidad de análisis necesaria para hacer una buena función como senadores, por lo que será importante el validarlo, así como también si en el currículum del candidato a senador se aprecia que toda su vida y experiencia está en cargos públicos, se puede deducir que no tiene la suficiente preparación para un análisis realista del impacto en la vida de un ciudadano común.

Diputado federal

Debe de ser "nuestro representante" en la federación es decir quién lleve nuestros intereses a ser discutidos como leyes, reglamentos e incluso cambios a la constitución a nivel federal.

He escuchado a una multitud de personas que se quejan de alguna situación y protestan por que alguna ley o reglamento no les parece justo, o por alguna acción del gobierno que les parece absurda; Y se quejan con el vecino, en Internet, con los amigos, e incluso realizan alguna protesta o manifestación por esta razón.

Sin embargo, a todos los que les he preguntado, desconocen que la forma de "hacerlo" es a través de sus diputados (locales o federales, dependiendo del alcance de la situación).

Lo que llama la atención es que por lo general los diputados hacen su publicidad solo con su imagen y una "línea política" por lo que se intenta que el voto sea por afinidad a un determinado partido o corriente política, es reciente la aparición de diputados independientes quienes se ven obligados a presentar propuestas de trabajo más precisos que aquellos que representan a un partido en particular.

Es importante considerar que el factor más importante a considerar un diputado es la "cercanía" que tengamos con él, es decir ¿en realidad existe una forma de comunicar mis inquietudes a mi diputado?, y sobre todo más importante, ¿comparte mi visión en temas relevantes para el país?, ya que aunque sea tu representante, también tiene una opinión propia y si esta se contrapone a tus creencias, será menos probable que en realidad lo defienda con la pasión requerida en la cámara de diputados.

En ese tenor algunos diputados cuentan con una casa legislativa en la cual, además de ofrecer algunos servicios (como servicios legales gratuitos o de salud), se supone que recibe información de sus representados, por lo que te sugiero visitar dicha casa legislativa, antes de las elecciones y revisar qué tan disponible está tu diputado a recibir tus puntos de vista.

Platicando con un amigo, comentamos sobre un diputado y sus razones para elegirlo fueron que el diputado tenía un fuerte compromiso con las comunidades más pobres de nuestro país, en Oaxaca y Chiapas.

Me llamó la atención su motivo y le dije "no sabía ni que fueras pobre, ni que vivieras en Oaxaca" (Ya que el vive en Jalisco y es de una posición económica que al menos podríamos decir bien acomodada), su respuesta es que a esas personas "nadie las representa" y me quedé reflexionando por largo rato en su respuesta.

Mi conclusión es que cada quién debe de votar por "su" representante, es decir, si eres una persona pobre que vive en Oaxaca, entonces debes de votar por un representante que en realidad comprenda tu realidad y problemática, que en realidad entiende "tus" intereses, sin embargo, si eres una persona de clase media de Jalisco, lo más conveniente es que votes por un representante que te represente, y que comprenda "tus" intereses.

El final de la historia es que finalmente ganó el diputado en cuestión, quién no representó los intereses ni de los "pobres de Oaxaca y Chiapas", toda vez que no comprendía en realidad ni los problemas, ni los deseos, ni el estilo de vida y más bien trató de imponer su visión en base a sus propios puntos de vista, tampoco representó los intereses de mi amigo y a final de cuentas no llevó a cabo ninguna acción legislativa de importancia.

Gobernador estatal

Es el ejecutivo a nivel del estado en el que vivimos y por lo tanto administra los recursos del mismo, por lo que muchos de los parámetros de elección de un gobernador, serán muy parecidos a los criterios de elección de un ejecutivo federal.

Sin embargo, tiene un factor adicional, es importante tomar en cuenta que la mayor parte de los recursos en nuestro país son centralizados, ya que los principales impuestos ISR e IVA, se colectan directamente por la federación.

Si tomamos en cuenta esto, encontraremos que la recolección de impuestos y por lo tanto recursos para las obras estatales, se limitan a algunos impuestos secundarios.

Así que un factor importante a considerar es su capacidad de gestión y negociación para la asignación de recursos federales al estado.

En este tenor hay quien piensa que lo mejor es elegir a un gobernador afín con la línea política del ejecutivo federal, ya que una creencia popular es que de esa forma la asignación de presupuesto federal al estado será mayor, lo cual puede llegar a ser realidad, sin embargo, por lo general esta asignación "extra" de recursos vienen acompañados de compromisos políticos y de una subordinación lo cual está en contra de una verdadera federación de estados independientes.

La realidad es que un hábil negociador es mucho mejor que un gobernador con coincidencia política con el presidente del país.

Diputado local

Cada estado puede tener sus propias leyes y reglamentos los cuales no pueden contravenir la constitución federal, sin embargo, si abre la posibilidad de que haya leyes aplicables en un estado que en otro no sean aplicables.

Quienes realizan estas leyes y reglamentos, son los diputados locales, quienes aplican solo a nuestro estado.

En muchas ocasiones algunas de estas leyes nos impactan, de forma positiva o negativa, así mismo y lo más importante regulan las leyes que limitan el actuar de los funcionarios públicos (gobernador incluido), por lo que su función es muy relevante.

Existen algunas leyes o propuestas que por alguna razón, no son viables a nivel federal, por lo que pueden surgir en un estado de forma local y una vez que se aprueban se pueden observar los efectos y sirven como referencia para una posterior discusión a nivel de la federación.

Al igual que en el caso de los diputados federales, es importante la cercanía tanto ideológica, como real, es decir que tengamos la posibilidad de tener comunicación directa, de tal forma que en realidad sirva como nuestro representante.

Presidente municipal

Es quien administra directamente los recursos del municipio, en el que vives y por lo tanto quién mayor impacto tiene directamente sobre la infraestructura inmediata que te rodea, al igual que los gobernadores, los recursos de los que dispone el municipio son bastante limitados y provienen principalmente del pago de predial y permisos para negocios locales, por lo que depende en gran medida de las aportaciones federales para los proyectos importantes de infraestructura municipal.

Así que también en este caso un mejor negociador, es una mejor opción que una persona muy bien intencionada.

Hay que recordar que aunque el presidente municipal, no sea de la corriente ideológica de nuestra preferencia, sus acciones están reguladas por las leyes y reglamentos emanadas desde las cámaras, tanto de diputados como del senado, local (estatal) como federal, así mismo los regidores de cada municipio, regulan la actuación de los presidentes municipales, y estos son elegidos, ya sea por votación directa o en todo caso como parte de un equipo constituido por todos los partidos y corrientes políticas existentes en el municipio.

Dispersión de poder

En más de una ocasión he visto una publicación en redes sociales, que "pide" la reducción de diputados y senadores, bajo el argumento de que tienen un sueldo alto, prestaciones y que el monto económico que se ahorraría sería significativo, imagino mi querido lector que muy posiblemente a ti también te haya tocado verlos.

Aunque a simple vista suena lógico, ya que en muchas ocasiones incluso se alimenta la idea de que los diputados y senadores tienen una "función inútil" o se duermen, etc. Idea impulsada también por el concepto de que "el presidente es el que manda" así que se ve a los diputados y senadores como un simple séquito de personas que deben de avalar las decisiones presidenciales.

Sin embargo, es exactamente al revés, son los diputados y senadores en conjunto quienes mediante las leyes y reglamentos regulan incluso la actividad presidencial.

Obviamente la cota de poder que tiene cada diputado y senador en lo individual es inversamente proporcional a la cantidad de diputados y senadores que existan.

Vamos a suponer que un diputado cree que se debe de regular que solo se pueda podar el paso los días domingo, cosa que sus representados consideran importante, en la actualidad hay 500 diputados en la cámara de diputados, por lo que su opinión y voto vale solo 1/500 es decir 0.2% de la cámara y si no logra con argumentos sólidos convencer a ningún otro diputado, dicha opinión sería diluida entre las opiniones y puntos de vista de los demás diputados.

Una vez que logre convencer a otros diputados de esta propuesta, vamos a suponer que sus argumentos convencen a otros 25 diputados, aún así tendrá el 5% de la cámara, por lo que el reglamento para regular la poda de pasto, aún así no sería aprobada y podemos continuar podando el pasto, los días que mejor nos parezca.

De otra forma, resulta que nos queremos ahorrar un dinero en diputados, y se logra disminuir a 50 diputados ahora cada diputado tiene una opinión de 1/50 es decir el 2% de la cámara, tiene la misma propuesta y convence a los mismos 25 diputados, ahora entre los mismos 25 diputados tienen el 50% de la opinión de la cámara, por lo que se pasaría la propuesta a discusión de la cámara de senadores y de no haber un impedimento "inteligente" para esta ley, tendríamos que podar el pasto, solo los fines de semana.

De tal forma que el costo de reducir la cantidad de diputados entre los que se diluye el poder, es demasiado costosa en términos de la formación de cotos de poder "invencibles".

Algo que considero una "mala práctica" es la formación de "bloques" de diputados o senadores, por filiación partidista e incluso por ideología política, ya que si 10 diputados quedan dentro de ese bloque entonces, es como si se redujera la cantidad de diputados, sin que se reduzca el costo, dicho de otra forma "un diputado de acuerdo total con otro u obediente a una línea de poder, es un diputado inútil", la utilidad de un diputado es directamente proporcional a su capacidad de discordar o aportar puntos de vista útiles a la discusión de los temas de interés nacional o estatal.

Lo mismo aplica a los senadores, quienes deben además de estar bien asesorados, tener en cuenta todos los aspectos y repercusiones que tendrán las leyes y reglamentos que aprueben.

Noticias falsas

Mejor conocidas por su anglicismo "Fake News", toman cada vez más relevancia en el ámbito electoral, son difundidas a través de redes sociales, mediante la compra de tiempo aire, publireportajes e incluso a través de periodistas que ya sea por una contraprestación económica o debido a una fuerte filiación ideológica se prestan a difundirlas.

Siendo el principal difusor de esta información falsa las redes sociales, mi querido lector es posible que tengas una importante labor en la reducción de este serio problema de la democracia ya que como lo platicamos en un principio cuando la elección popular está basada en información falsa, o poco razonada, puede decaer en la oclocracia o peor aún en la caquistocracia (que significa el poder en manos de las peores personas).

Pero ¿qué es lo que se puede hacer? En primer lugar, es importante evitar difundir esta información, pese a que sea información que "queramos creer".

Ejemplo de esta información falsa es, por ejemplo, que cierto personaje de la política (en algún cargo o que se encuentra en contienda electoral), realizó un hurto o tiene nexos con algún personaje ya desacreditado, o que recibió algún tipo de soborno, lo cual muchas veces no cuenta con el debido sustento o definitivamente es información falsa, por lo que antes de difundirla, es conveniente el investigar más a fondo sobre ella.

Sin embargo, muchas veces la información que vemos es que una de las personas que está envuelta es contraria a la corriente de nuestra preferencia, o es un éxito que involucra a alguien de nuestra preferencia de tal forma que:

1. **La damos por cierta:** De forma automática en cuanto la vemos queremos y deseamos que sea cierta y por supuesto, sin mayor investigación la atribuímos como cierta, en el caso de que investiguemos, se tiende a desacreditar rápidamente cualquier fuente de información que no la confirme, mientras que se le da mayor credibilidad automática aquellas que confirman la información.

2. **Le queremos dar la máxima difusión:** Queremos que todas las personas la vean por lo que la publicamos e incluso re-enviamos en grupos aún en aquellos que no

son de temas políticos, con frecuencia causando aversión de familiares y amigos.

3. **Podemos llegar a sentir que es un logro personal**: Al igual que cuando nuestro equipo deportivo favorito obtiene una victoria y la "hacemos nuestra", el efecto de una noticia de un logro de nuestra corriente ideológica preferida nos hace sentir que tenemos un "logro nuestro", sin embargo, no debemos de perder de vista que no nos atañe de forma personal, con lo que de alguna forma nos despersonalizados del mismo, ya que en caso de darnos cuenta de que es falso, no sea entonces una "derrota nuestra".

Las noticias falsas no solo se limitan a las actividades pùblicas, en muchas ocasiones tienen que ver con su vida o características personales, por ejemplo, que es tonto o borracho, la mayoría de las veces consideradas indeseables.

En este sentido, es importante considerar que aunque dicha característica nos resulte inadmisible, puede ser falsa ya que al ser personales, son difíciles de corroborar.

Así mismo hay otro tipo de información que puede llegar a ser falsa también de atributos personales "deseables" como honestidad, justicia, inteligencia e incluso pobreza o humildad difundidas a través de los simpatizantes del mismo candidato o corriente política.

Sin embargo, ya sea que a nivel personal sea la de lo peor o de lo mejor, es importante tomar en cuenta que eso es a nivel personal precisamente, y que por lo tanto no debería de influir en nuestra intención de voto, ya que no vamos a "vivir con esa persona", lo que tenemos que tener en cuenta son los indicadores que sí inciden en nuestra vida y economía.

Creo que sentimientos como el odio, así como el amor o una fuerte simpatía o enorme desagrado por una persona, son sentimientos muy personales, y que de alguna forma no es sano el tenerlos hacia una persona a la cual en realidad no conocemos y sobre todo, no nos conoce, esos sentimientos de odio serán justificados en sus hijos, pareja y colaboradores cercanos, más no en los personajes de la política.

Indicadores

Desde mi punto de vista todos los ciudadanos deben de tener conocimientos de macroeconomía, al menos básicos, ya que nos proporciona una vista clara del desempeño de nuestras autoridades en los distintos niveles de gobierno.

Si bien las acciones de gobierno no determinan de forma inevitable nuestra economía, si inciden en la misma, es como si vas a hacer un recorrido en auto, tu llevas el control del volante y que tan rápido vas, mientras que las decisiones de los gobiernos en los 3 niveles, serían "el camino", lo cual no depende de ti, es posible que haya un gobierno, que haga bien su trabajo, brindando seguridad, condiciones de crecimiento económico e infraestructura pública, entonces vas como en una autopista, el esfuerzo para "ir bien" es menor y puedes avanzar a más velocidad, aunque también es posible que el gobierno no haga bien su trabajo, administrando mal los recursos públicos, con altas tasas de inseguridad, desempleo, etc. entonces es como si fueras por un camino lleno de baches o una terracería, ¿puedes avanzar? por supuesto que se puede, solo que cuesta mucho más trabajo y tienes que ir más lento, pero quién lleva el volante, es uno mismo.

Si bien hay una gran cantidad de indicadores macroeconómicos, algunos de los más importantes son los siguientes

PIB

El producto interno bruto es a final de cuentas, la suma de todo lo producido o ganado por todas las personas dentro de un territorio.

De tal forma que permite realizar comparativas precisas entre diferentes regiones.

De tal forma que el dato de PIB es una cantidad en pesos, dólares o Euros por lo general de varios millones, cientos de millones, miles de millones e incluso billones.

Por lo que hay que fijarse muy bien en qué moneda está expresado este dato.

Sin embargo esta comparación sería injusta al comparar distintos periodos de tiempo, por el cambio de valor de las monedas.

Así que con la finalidad de ofrecer un dato más indicativo así como no depender de la moneda, el dato que vemos con mayor frecuencia no es precisamente el PIB, sino que es la delta PIB en el transcurso de un tiempo determinado.

Dicho con otras palabras, el porcentaje de diferencia entre el PIB que hay al inicio de dicho periodo y el PIB que hay al final del mismo; Por esta razón es que el dato que vemos es un porcentaje, lo cual también nos permite comparar distintos periodos históricos, de una forma justa aún con la inflación.

En el caso que exista una desaceleración económica (es decir si hay una recesión o problemas económicos serios) la delta PIB, puede llegar a ser negativa.

Se podría pensar que un delta PIB pequeña, significa que estamos avanzando, o que en todo caso un delta PIB de cero, es una buena noticia ya que si bien, no avanzamos, tampoco retrocedimos, solo que este dato en realidad es comparativo entre distintas economías, lo que quiere decir que si la delta PIB mundial es mayor, refleja un retroceso real en nuestra economía que impactará posiblemente en devaluación de la moneda y puede repercutir en una alta inflación.

Así mismo en el caso de México, es necesario tener muy en cuenta el delta PIB de nuestro vecino país del norte, una gran diferencia entre ambas, afecta la balanza comercial entre ambos países, es común que si bien, no en magnitud, si en dirección ambas se acompañen, dada nuestra proximidad geográfica y comercial.

Muertes por cada cien mil habitantes

En realidad este indicador es el de muertes violentas por cada 100,000 habitantes, es decir cuántas personas fallecen como resultado de la delincuencia.

Es un indicador de mucha utilidad, ya que nos habla del peor resultado de la delincuencia en una zona determinada (país, estado, municipio, etc.), que sería el perder la vida, de una forma realista y no amarillista.

Es relativamente fácil generar una percepción de "inseguridad", toda vez que hay actos violentos en cualquier parte del mundo, aunque fueran pocos si los medios de comunicación se centran en ellos y repiten incluso el mismo caso, mañana tarde y noche, entonces nuestra percepción será de una intensa inseguridad, aunque esto no fuera real.

El caso inverso también es posible, las autoridades pueden pactar de alguna forma la "supresión" de la información de los actos violentos, llegando a un simple número, o incluso a evitar por completo el tema.

Por ejemplo, en el municipio de las Peras, que tiene una

población de 300,000 habitantes, murieron 3 personas en distintos hechos violentos, mientras que en el municipio Manzanas, con una población de 400,000 mil habitantes, murieron 5 personas también en hechos violentos.

El noticiero matutino habla de la ola de violencia que azota el municipio Peras, le hacen 2 entrevistas a personas que presenciaron los hechos y un reportaje de 5 minutos con los familiares de los fallecidos, en el periódico salen en primera plana la ola de violencia del municipio y la editorial trata sobre el pésame al municipio por la pérdida de tan ilustres ciudadanos.

En el radio al medio-día se vuelve a hablar de 2 de las personas fallecidas y por la noche en el noticiero nocturno, se habla de las las pesquisas que se están haciendo para aclarar el asesinato de la tercera persona y esto toda la semana.

En el municipio Manzanas aparece el locutor matutino y dice, "el día de ayer, se registraron 5 fallecidos, por asaltos, en otras noticias, se inauguró el parque de la avenida central largamente esperado por los ciudadanos" y no se vuelve a tocar el tema.

Nuestra percepción sería que el municipio Peras es muy violento y que está terrible en seguridad, mientras que el municipio Manzanas es de lo más seguro.

Sin embargo la realidad es que el municipio Peras tiene un índice de 1 fallecido por cada 100,000 habitantes, mientras que el municipio Manzanas tiene un índice de 1.25 que como se puede apreciar es peor que el del otro municipio; En este caso ya no depende de la "percepción" o de los intereses de los medios de comunicación, es un valor matemático que nos refleja un realidad de la seguridad existente en uno y otro municipio, estado o país completo.

Así que más allá de las percepciones que quizá te quieran mostrar, busca el indicador de muertes por cada cien mil habitantes del periodo histórico que quieras conocer, en la región de tu interés.

Si hay 2 candidatos y el candidato "A" te dice que te promete seguridad para ti y tu familia, pero tiene un índice de 24 en el municipio que estuvo administrando (aunque las noticias no digan nada al respecto) y el candidato "B", del que se habla que el estado del que fue gobernador, fue lo peor en delincuencia y seguridad, pero su índice es de 6, tienes la seguridad que el candidato "B" es 3 veces "más competente" en cuestiones de seguridad, por lo que si tu preocupación principal es la seguridad, lo más sensato es votar por el candidato "B" (aunque no sea de la línea política de tu preferencia) para lo cual tienes la libertad de votar por diputados de la línea política de tu preferencia.

Como puedes observar, aunque un municipio y un estado tengan una cantidad totalmente diferente de habitantes, este indicador es totalmente independiente de la cantidad de personas en la entidad que se refleja (ya que se divide entre la cantidad de habitantes, en múltiplos de cien mil).

En alguna ocasión al platicar con un amigo, sobre mi sufragio en unas pasadas elecciones, le comenté que voté para ejecutivo federal por el candidato de un partido y para senadores y diputados, por candidatos de partidos diferentes (de hecho de diferentes cuadrantes), mi amigo, no comprendió al parecer la razón y me comenta, que sería como meter un pie en agua fría y el otro en agua hirviendo, con la esperanza de que estuviera tibia.

Reflexioné mucho sobre su analogía, sin embargo, hay que tener en cuenta que al concentrar la totalidad del poder en un solo partido político, la posibilidad de que se incremente la corrupción se incrementa.

Así mismo que como ciudadanos en realidad no le debemos una lealtad inquebrantable a ningún partido o corriente política, por lo que es totalmente posible el elegir representantes de un partido, senadores de uno diferente y ejecutivos en los diferentes niveles de alguno diferente, con lo que al existir la dispersión de poder la supervisión contraria efectuada por los mismos cotos de poder, reducen de forma considerable la posibilidad de que se cometan actos de corrupción por alguno de los funcionarios.

Inflación

Salvo raras ocasiones, es muy común que se piense en la inflación como algo malo, de hecho, como un efecto indeseable que los gobiernos deberían de evitar a toda costa.

Lo que nadie nos ha dicho es que la inflación moderada, contribuye al desarrollo de las economías, al poner más dinero en circulación.

Por lo que dentro de ciertos parámetros es algo que deseamos que suceda.

Con frecuencia la confundimos con otro dato que es la hiperinflación, la cual si es mala para la economía del país y para la nuestra propia.

Mientras que la inflación es "predecible" constante y en un pequeño porcentaje cada periodo de tiempo, la hiperinflación es impredecible (no hay un aviso de que habrá una escalada de precios) y los bienes y servicios aumentan de precio (no de valor) muy rápidamente en un pequeño periodo de tiempo.

En una economía tan centralizada como la nuestra, estos

parámetros de inflación o hiperinflación son nacionales, por lo que sería difícil comparar a un candidato contra otro habiendo ambos servido en distintas regiones del país.

Lo que sí es posible comparar son:

- Comparativas con otros países durante los períodos gobernados por corrientes políticas afines a el cuadrante por el que estoy planeando votar.
- Comparativas con otros períodos históricos, viendo a los actores políticos que serán electos mediante mi voto, puedo ver que pasó cuando la misma corriente política gobernó con anterioridad el país.

Siempre vamos a encontrar inflación, sin embargo, lo que vamos a buscar es revisar si esta fue constante y predecible, o si hubo un historial de inflación rápida y sin previo aviso, aunque haya habido meses sin ninguna inflación o con una inflación demasiado baja.

Inversión

Existen 2 clases de inversión (ambas deseables), una es la inversión interna, es decir la que los mismos habitantes de la región, estado o país realizan para crear fuentes de empleo, industria o producción primaria, que desde mi punto de vista es la más deseable ya que los retornos de inversión permanecen dentro y detona un mayor crecimiento y desarrollo sostenible.

La otra es la inversión extranjera, es decir que un inversionista de otra región o país, traiga su dinero a producir en nuestra región o país, aunque esta inversión crea fuentes de empleo y detona la economía, hay que tener en cuenta que los retornos de dicha inversión (o dividendos) irán a contribuir al crecimiento económico de la región o país de origen del inversionista.

Hay algo que se debe de tener bastante claro, pese a lo que se quiera creer, el gobierno no genera empleo real (ya que el empleo generado desde gobierno, es pagado con los impuestos de las empresas), ni puede por su misma constitución y forma de operar el generar riqueza económica, ni detonar de forma directa un desarrollo sostenible, de tal forma que cuando un candidato nos habla de "grandes inversiones del gobierno en...", de forma lamentable, se está engañando a sí mismo y a las personas que lo escuchamos.

Quizá si consideras que es buena una alta intervención del estado (tercer cuadrante), me quieras responder en este momento, ¿Y las paraestatales? ¿No son empresas productivas?, así que me permito mi querido lector responder a dicha pregunta que me han realizado multitud de ocasiones.

De todas las paraestatales que he revisado, no solo en nuestro país, sino alrededor del mundo, no he encontrado ninguna que en realidad sea productiva y genere utilidades, al contrario, la mayoría no sólo no generan utilidades, además consumen recursos del erario público los cuales son provistos, por supuesto, por el pago de los impuestos de empresas y ciudadanos.

Hay unas muy graciosas, reportan utilidades, pero cuando revisas el presupuesto se aprecian partidas dirigidas a dichas empresas, es decir, "gana en el ejercicio, pero se le inyectan recursos".

De tal forma que un dato que siempre hay que tener en cuenta de los candidatos, sobre todo a los cargos ejecutivos (presidentes y gobernadores) es su capacidad de atraer inversión extranjera en su región o estado y sobre todo su capacidad de generar inversión interna, sin considerar aquella que el mismo estado realiza.

Desempleo

Cuando se habla de empleo, nos referimos por supuesto, al empleo formal, ese que tiene prestaciones, un sueldo vía nómina de una empresa que paga sus impuestos y del cual por nuestras percepciones, nosotros también pagamos nuestros impuestos.

Y no porque sea bueno el pagar impuestos, sino porque es el tipo de empleo que genera antigüedad y en el que se goza de los servicios médicos proveídos de alguna forma y también se prepara una parte para una posible pensión una vez que haya cesado nuestra edad laboral.

Hay otro indicador importante en este contexto, denominado "ejército de reserva", mientras que la tasa de desempleo es un indicador en porcentaje que mide el porcentaje de la población económicamente activa (es decir cuántas personas en edad laboral) que se encuentra en paro, es decir, sin trabajar, y se obtiene dividiendo la cantidad de personas que no están trabajando entre la población total económicamente activa y se multiplica el resultado por 100 (para obtener un porcentaje).

Sin embargo, con frecuencia para maquillar esta cifra, se excluye de estar en paro (sin empleo) a las personas que tienen una actividad informal y es conveniente saber también cuántas son estas personas.

El término de ejército de reserva, acuñado por Carl Marx, se refiere a la cantidad de personas "disponibles" para trabajar, pero sin un empleo, muchos de los cuales "mientras encuentran un empleo asalariado" se ven forzados a contribuir con la economía informal.

Un incremento del ejército de reserva, es preocupante, por lo que es conveniente el observar también este dato en las zonas geográficas en donde gobierna la corriente política de nuestra preferencia o en el periodo histórico en el que haya gobernado una corriente similar a la que creemos es la mejor.

Fuentes de consulta

Como ciudadano informado, una parte de mi responsabilidad, además de ir a votar cuando se es requerido, es el conocer las acciones del gobierno y los impactos que estas acciones tienen, sin embargo, es importante tener en cuenta que los medios de información pueden tener "preferencias" e incluso filtrar exagerando o reduciendo cierta información a favor o en contra de alguna corriente política.

Hace años, me levantaba temprano, veía un noticiero antes de iniciar mis labores, leía uno o 2 periódicos, con mucha frecuencia (prácticamente diario) y una revista especializada en el tema

Por lo que me sentía perfectamente informado, en alguna ocasión, hubo algo que "me indignó", lo vi en el noticiero en la T.V., lo escuché en otro noticiero por radio por lo que lo dí por cierto, con un cliente surgió el tema y me disguste tanto que hasta me peleé

Algo que me mencionó mi cliente (quien afirmaba que lo que me indignó era falso) es que no era información real, sin embargo, yo lo había visto en T.V., lo había escuchado en la radio en voz de una persona "especializada", tenía que darlo "por cierto".

Así que para "respaldar mi punto", comencé a buscar más información que la confirmara, me llevé una gran sorpresa, la información, era falsa, era un supuesto que habían extrapolado de una propuesta aún no votada que había hecho un diputado.

Por más que traten de evitarlo, los medios de comunicación, tienen "una opinión", así como los comentaristas y los redactores de los artículos, muchas veces dan "por cierto" algunas suposiciones sin la suficiente corroboración, porque quieren que sea cierto, además de eso, la información de los noticieros por lo general es "post-mortem" lo que significa que "ya pasó" y por lo tanto ya no se puede hacer nada al respecto, de tal forma que el escucharlas es básicamente, inútil.

La información difundida en redes sociales, tiene aún menor verificación que la de los noticieros, por lo que la posibilidad de que sea falsa es mucho mayor, lo cual ya lo vimos con detenimiento en el capítulo de noticias falsas.

No digo, mi querido lector, que dejes de ver todas las noticias y revistas especializadas o que no creas nada de lo que aparece en las rede sociales, mi sugerencia va más encaminada a que además de cualquier fuente por la que te llegue la información, procures verificarla con otras fuentes de información, menos susceptibles de ser alteradas.

Por supuesto que en un gobierno "sano" la información proveniente de las instituciones directamente suele ser confiable, por lo que acudir directamente a la dependencia responsable de difundir dicha información, puede ser confiable.

Llega a suceder que la información es tan mala noticia que las mismas instituciones la "maquillan" tomando parámetros ligeramente distintos, por ejemplo, cambiar los parámetros de la línea de pobreza, antes de emitir el índice de pobreza del país.

Incluir "inversión gubernamental" como parte integrante del Producto Interno Bruto, entre algunos otros trucos, que permiten mover los indicadores.

En otros casos, llegan incluso a "ocultar" ciertos indicadores, lo que en ningún momento es una buena señal; Imagina que tienes un "secreto vergonzoso", es obvio que intentas ocultarlo de la mejor forma posible, incluso si alguien lo pregunta, desvías la atención a otro tema, pues las autoridades hacen lo mismo, dejando de emitir los datos (aunque te den cualquier tipo de explicación para ocultarlos).

La buena noticia es que también hay organismos internacionales que colectan algunos indicadores de los países y es posible contrastar los datos contra dichos organismos que si bien muchas veces no dan una correspondencia perfecta, si se nota una congruencia entre ellos.

La información del trabajo legislativo es mejor consultarla directamente de las cámaras en el caso de la legislación federal podemos ingresar a:

http://diputados.gob.mx

Mientras que la información de las discusiones de los senadores la podemos encontrar en:

http://senado.gob.mx

Si queremos saber si una ley, reglamento o disposición fue aprobada (o rechazada), el mejor lugar para consultar es en el Diario Oficial de la Federación:

http://dof.gob.mx

Mientras que los indicadores en los distintos lugares del mundo (incluido el nuestro) uno de los mejores lugares para consultarlo es en Banco Mundial:

https://www.bancomundial.org/

Si lo que queremos saber es el como va o ha ido la economía te sugiero revisar la bolsa mexicana de valores:

https://www.bmv.com.mx/

Utilizando la opción de "calcula tu rendimiento", puedes ver el progreso o retroceso de la inversión y economía de México en distintos periodos de tiempo.

Otra fuente en la que podemos consultar para contrastar información es en el Banco Interamericano de Desarrollo:

https://www.iadb.org/es

Para darnos una idea clara de los intereses del gobierno en

turno es altamente recomendable revisar el presupuesto, tanto federal como estatal y municipal, el cual debe de presentarse por parte de las cámaras o ayuntamientos.

Mi buen amigo Arturo Medina me comentó en una ocasión "el presupuesto es la política de lo posible", ya que aunque el gobierno nos diga que su prioridad es la educación, si reduce el presupuesto para este fin, tenemos una certeza de que no lo es, por lo general hay que alejarnos de aquel gobierno que incrementa partidas secretas o el gasto en publicidad gubernamental, por lo que hay que poner especial atención en este tipo de partidas.

No hay que limitarse en las fuentes de información a consultar, sin embargo, mi querido lector, es importante el revisar 2 o más, de preferencia contrastantes para tener una mejor perspectiva que nos ayude a tomar, mejores decisiones.

Conclusiones

Es importante el aprender a escuchar el mensaje de fondo de los discursos y promesas políticas, ya que en muchas ocasiones, detrás de una promesa convincente, se encierra un mensaje desalentador.

Ejemplos hay muchos y algunos ejemplos serían:

Un candidato durante su campaña ofrece "preparatoria para todos", lo cual al parecer es una estupenda propuesta ya que habla de universalizar un nivel académico para toda la población, lo cual suena a mejor educación, sin embargo, hay que ponerse a pensar lo que implica la "preparatoria para todos", ¿Cúal es el objetivo que hay detrás de esta propuesta?.

Para comprender el objetivo, es necesario pensar al revés, es decir, no desde el punto de vista del "beneficiario" (es decir el joven o la familia del joven que tendrá la preparatoria), sino desde el punto de vista de las personas que impulsan esta medida.

De tal forma que lo que en realidad significa esa propuesta es "vamos a vender la mano de obra calificada barata a alguna empresa extranjera", para lo cual es conveniente que la población en general cuente con ese nivel educativo, que es el que la mayoría de las empresas requieren para la contratación.

De igual forma si el candidato dice frases como "primero los pobres", ten por seguro que su política económica estará dirigida a incrementar la cantidad de "pobres" ya que son el sustento de sus propuestas y por lo tanto le asegura continuidad en su línea política.

Frases como "acabaremos con la corrupción" reflejan la forma de ver el mundo de la corriente política, por lo que por lo general, funcionan al revés, es decir, las acciones y modelo de gobierno que llevarán a cabo, por lo general, termina en incrementar la incidencia del factor que prometen acabar.

Es importante el saber el exactamente por qué estamos votando, ya que es posible que se piense que el presidente manda y todos los demás deberán de ajustarse a dicho mandato (situación que solo existe con altos niveles de populismo), sin embargo, también los diputados y senadores son cargos de elección popular en los que por lo general pensamos poco, así mismo están en el nivel federal y estatal y tienen diferentes funciones.

Quizá, más que en los ejecutivos tanto federales como estatales a quién debemos de elegir con más cuidado es a los diputados en ambos niveles, ya que en teoría los diputados son nuestros representantes y por lo tanto debemos de asegurarnos que en realidad representan nuestros intereses y no los del partido que los impulsa, en algunas elecciones me comentaron algunas personas que los habían elegido exactamente al revés, es decir, decidieron quién les parecía mejor como presidente o gobernador y en base a eso se fijaron a cual partido pertenecía dicho candidato y eligieron a los diputados, solamente por ser del mismo partido.

Así pues al momento de elegir entre las distintas opciones de diputados, será conveniente revisar la cercanía que tienen con nosotros, tanto ideológicamente como de accesibilidad, mientras que algunos incluso cuentan con casas de enlace ciudadano, para recibir nuestras opiniones, hay otros que son lejanos y no establecen ninguna forma de comunicación con ellos.

También es importante considerar que los intereses generales del partido o ideológicos están representados a través de los diputados plurinominales, quienes no son elegidos por nosotros y llevarán las discusiones que a los partidos y movimientos ideológicos les importen, por lo que es posible el elegir a un diputado que se muestre "más cercano" aunque no tenga la ideología que nos gustaría impulsar dentro de la cámara.

La elección de senadores es diferente y es importante considerar la diferencia funcional en el diseño de la política democrática, mientras que el diputado "nos representa" en cualquier condición social o ideológica, el senador se supone es la "parte pensante" del gobierno, que "nos protege" de que sucedan tonterías, es posible que a un grupo de personas les parezca una buena idea un nuevo impuesto y su posible aplicación y que representadas por sus diputados se presente ante la cámara de diputados y sea aprobado, ya que ese grupo de personas se encuentra con la suficiente representatividad, pero que dicho impuesto termine por afectar de forma grave a la economía formal (situación que tanto el grupo que lo promueve como sus diputados, no han logrado advertir), entonces la cámara de senadores al analizar la propuesta se debe de dar cuenta de los riesgos y por lo tanto modificarla lo suficiente o rechazarla para que no se lleve a cabo tal cual y tenga los impactos negativos que de no haber sido analizada correctamente se tendrían.

De tal forma que para tomar nuestra decisión de que a quién elegir como senador, además de ver si tiene coincidencias con la corriente ideológica de nuestra preferencia, es necesario revisar sus antecedentes y credenciales, estudios, cargos ejercidos con anterioridad, entre otros para asegurar que tiene la "capacidad pensante" suficiente para "protegernos" de cambios legislativos con consecuencias indeseables.

Para las distintas corrientes políticas, lo mejor es que las personas permanezcan firmes a un determinado ideal, incluso para aquellas que son oposición, debido a que les permite realizar alianzas con tiempo y prever los mecanismos de obtención de beneficios propios.

De tal forma que realizan programas de "fidelización" como son entrega de "beneficios", reuniones periódicas, adoctrinamiento entre otras para tener una base fiel de partidarios, sin embargo como lo dijo con mucho tino Sir George Bernard Shaw:

Los políticos y los pañales se han de cambiar a menudo… Y por las mismas razones.